D1736514

Benjamin Franklin

Publicado en los Estados Unidos de América por Cherry Lake Publishing
Ann Arbor, Michigan
www.cherrylakepublishing.com

Asesor de contenidos: Ryan Emery Hughes, estudiante de doctorado, Facultad de Educación,
University of Michigan
Asesora de lecturas: Marla Conn MS, Ed., Especialista en alfabetización, Read-Ability, Inc.
Diseño de libro: Jennifer Wahi
Ilustrador: Jeff Bane

Créditos fotográficos: © Internet Book Archive Images/Flickr, 5, 7; © Everett Historial/Shutterstock, 9, 21; © One
for All: A Pennsylvania Number Book, Sleeping Bear Press, 11; © Sarony & Major/Library of Congress, 13;
© USCapitol/Flickr, 15; © C. Brothers, N.Y., 1882/Library of Congress, 17; © Dan Thornberg/Shutterstock, 19;
Cover, 8, 14, 18, Jeff Bane; Varias imágenes, Shutterstock Images

Library of Congress Cataloging-in-Publication Data has been filed and is available at catalog.loc.gov

Impreso en los Estados Unidos de América
Corporate Graphics

Índice de contenidos

Acerca de la autora: Emma E. Haldy era bibliotecaria y proviene de Michigan. Vive con su marido, Joe, y una colección cada vez mayor de libros.

Acerca del ilustrador: Jeff Bane y sus dos socios comerciales tienen un estudio junto al Río Americano en Folsom, California, donde tuvo lugar la Fiebre del Oro de 1849. Cuando Jeff no está haciendo bocetos o ilustraciones para clientes, está nadando o haciendo kayak en el río para relajarse.

Nací en 1706.

Mi padre hacía jabón y velas.

Tuve dieciséis hermanos y hermanas.

Era bueno con la lectura. Me gustaba escribir.

¿Qué te gusta estudiar?

Me capacité para ser impresor.
Hice libros. Hice periódicos.

También me gustaba inventar
cosas.
Estudié la **electricidad**.

Quería mejorar mi ciudad. Ayudé a crear un departamento de bomberos y una biblioteca.

Me convertí en el director general de correos. Me aseguré de que todos recibieran su correo.

¿Te gusta ir a la biblioteca?
¿Por qué sí o por qué no?

Vivía en América. Nos gobernaba el rey de Inglaterra.

No estábamos contentos con cómo nos trataba el rey. Queríamos liberarnos de él.

Me uní a otros líderes para declarar la **independencia** de América.

Fuimos a la guerra por la libertad.

Necesitábamos dinero y ayuda.

Fui a Francia. Recibí apoyo para nuestra guerra.

Ganamos la guerra.

Ayudé a establecer nuestro nuevo país. Ayudé a redactar la **constitución**.

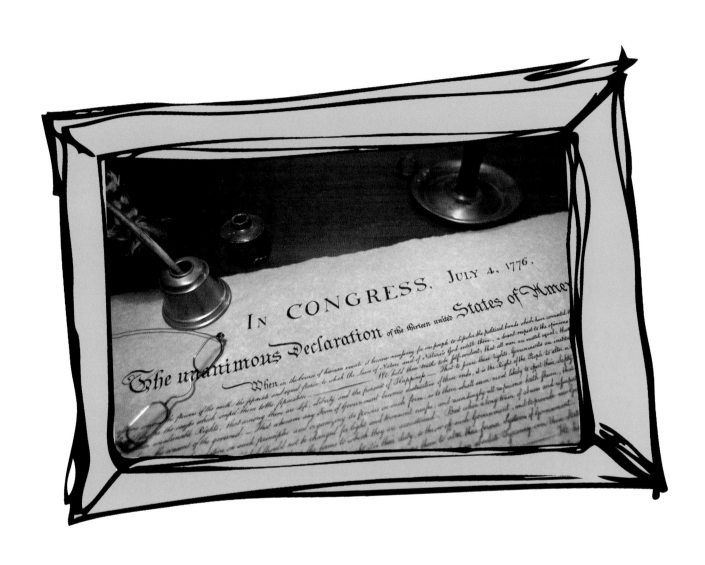

Tuve una vida larga y completa. Morí de viejo.

Era un hombre extraordinario. Era inteligente y curioso. Ayudé a fundar Estados Unidos de América.

¿Qué te gustaría preguntarme?

1746

1700

Nació
en
1706

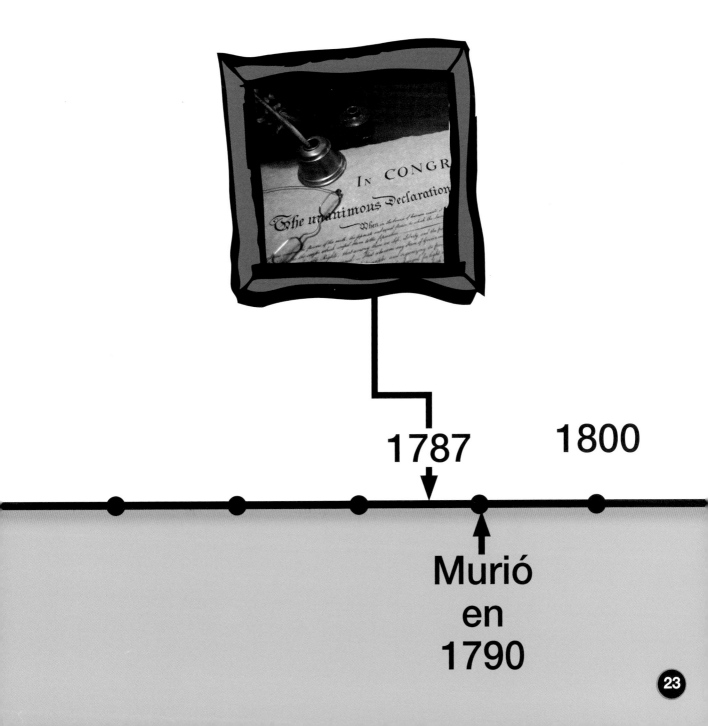

1787

1800

Murió
en
1790

glosario

la constitución (la cons-ti-tu-CIÓN) el documento que explica las leyes y organización del gobierno de Estados Unidos

electricidad (e-lec-tri-ci-DAD) energía que enciende bombillas de luz y otras cosas

independencia (in-de-pen-DEN-cia) libertad

índice